AF385132

QUELQUES RÉFLEXIONS

PRÉSENTÉES

A M. LE COMTE DE LALLY-TOLENDAL,

SUR L'OPINION PAR LUI PRONONCÉE

A LA CHAMBRE DES PAIRS,

Le 29 Décembre 1815,

IMPRIMÉE ET PUBLIÉE EN JUIN 1816;

Par C. A.-L. C., ancien Magistrat.

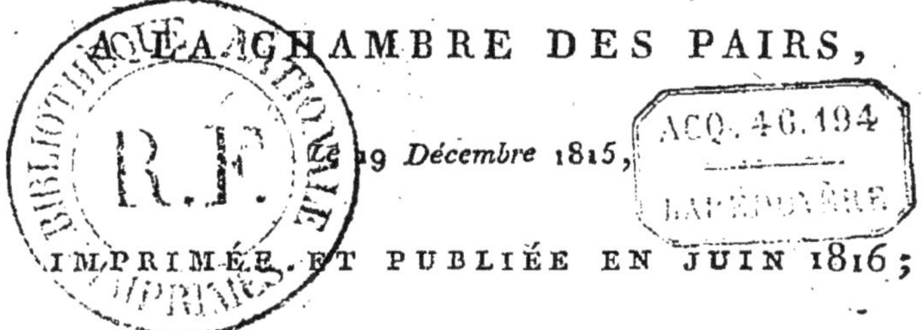

(*Cet Ouvrage ne se vend pas.*)

A PARIS,

De l'Imprimerie de J. L. SCHERFF, passage du Caire, n°. 54.

1816.

QUELQUES RÉFLEXIONS

PRÉSENTÉES

A M. LE COMTE DE LALLY-TOLENDAL,

Sur l'Opinion par lui prononcée à la Chambre des Pairs, le 19 décembre 1816.

Paris, le   Juillet 1815.

Mᴏɴsɪᴇᴜʀ ʟᴇ ᴄᴏᴍᴛᴇ,

La dernière fois que nous raisonnâmes ensemble sur l'épuration et la restauration de notre Ordre judiciaire, vous me dites, en reconnaissant la justesse de quelques-unes de mes observations : « *Faites imprimer.* »

Bien que, toute ma vie, j'aie éprouvé une certaine répugnance à provoquer l'attention des autres, c'est-à-dire, à m'exposer à leur censure, je n'ai pu, cette fois, résister au désir d'émettre publiquement mon opinion sur l'objet d'une controverse à laquelle, quoique discutée dans l'intérêt général, mon intérêt particulier vient naturellement se rattacher.

J'ai longuement écrit sur l'épuration des

1

tribunaux; j'ai scrupuleusement recueilli tout ce qui a été dit et imprimé à cet égard; j'ai rapproché les différentes opinions, et je me suis permis d'y joindre la mienne. Mon travail terminé, je me suis institué mon propre juge. La sévérité fut mon guide. J'ai reconnu qu'à force de vouloir être clair, je m'étais abandonné à la prolixité. En réparation, je me suis condamné à ne présenter au Public qu'un très-court résumé de mes nombreuses feuilles.

J'avais fini cet opuscule, j'allais le livrer à l'impression quand, le 11 avril dernier, M. Barbé-Marbois, alors ministre de la justice, vint soumettre à la Chambre des Pairs un projet de loi, qu'il fit précéder d'un discours, dans lequel il rendait à la Chambre un compte sommaire des opérations par lui dirigées jusqu'alors, pour parvenir à réformer et reconstituer l'Ordre judiciaire. Ce discours m'ayant paru contenir des propositions erronées, j'entrepris aussi-tôt de les combattre, et je trouvai tout naturel que cette lutte, coïncidente avec mon *résumé*, lui fît suite, et en devînt, en quelque sorte, la péroraison : tel est mon imprimé du mois de mai dernier.

Aujourd'hui, je me trouve dans une situation presque la même. Quelques exemplaires dc mon opuscule venaient d'être par moi distribués, lorsque, le 15 de juin dernier, je lus dans un journal l'annonce de votre *Opinion sur la résolution relative à l'inamovibilité des juges.* —

Rien ne m'a jamais plus surpris que cette tardive publication. Le *Moniteur* qui a fait, dans le tems, connaître au Public différentes opinions prononcées à la tribune de la Chambre des Pairs, touchant la *résolution* dont il s'agit, n'a pas dit un mot de la vôtre, et dans nos entrevues successives, vous ne m'avez pas fait l'honneur de m'en parler.

Cette opinion qui, comme tout ce qui sort de votre plume, eût, dans tous les tems, été bien précieuse à mes yeux, conséquemment recueillie par moi avec empressement, me devenant indispensable dans la circonstance où je m'étais placé, fut bientôt dans mes mains. Le moyen, en la lisant, de ne pas en admirer la marche, l'énergie, l'éloquence? Comment, le plus souvent, ne pas être entraîné par la justesse et la force de vos raisonnemens? Cependant, je suis forcé de l'avouer, tout en adoptant sans réserve les principes d'où part le fil de la discussion par vous suivie, je me suis surpris en opposition avec vous, quant au mode convenable pour en faire l'application.

Si vous n'étiez pas absent depuis plusieurs semaines, peut-être me serais-je contenté de vous faire mes observations de vive voix, et peut-être la persuasion, qui résulte presque toujous des explications que votre indulgence vous porte à donner, aurait-elle corrigé ma façon de voir, et, par suite, la situation de mon esprit.

Privé par votre absence d'un avantage si souvent à ma disposition, permettez, Monsieur le Comte, que j'aie l'honneur de vous soumettre les idées que quelques passages de votre opinion m'ont suggérées ; peut-être dans le nombre s'en trouvera-t-il qui ne vous sembleront pas dépourvues de raison et de solidité.

Si tous les bons esprits, d'accord avec la lettre de la charte, ne considéraient pas l'*inamovibilité des juges* comme un dogme à-la-fois sacré et incontestablement salutaire, la définition que vous donnez de cette institution suffirait pour la faire admettre sans l'ombre même de la controverse. Vous ne dites pas avec M***, député, « que l'*ina-
» movibilité* a l'admirable propriété de rendre
» les mauvais choix beaucoup moins mau-
» vais, et de rendre *excellens* des choix *mé-
» diocres* ; » mais votre sagesse dit(1) : « c'est

____

(1) Page 6.

» le gage irrécusable de la rectitude et de la
» pureté des jugemens, de l'instruction et de
» l'indépendance des juges, de la soumission
» et de la sécurité des justiciables. » C'est
ainsi que parlent la raison et l'expérience,
et la conviction suit leurs apophtegmes.

La mienne est complette ; seulement j'aurais dit : « c'est ou *ce doit être* le gage, etc. ; »
et le motif que je donnerai de l'addition que
je propose, c'est qu'il est nécessaire, avant
tout, pour inspirer aux *justiciables* une sécurité parfaite, qu'ils aient la conviction qu'en
leur donnant des juges *inamovibles,* l'autorité
a fait de *bons choix*.

C'est pour parvenir à ces *bons choix,*
qu'une longue discussion a eu lieu successivement dans les deux Chambres ; ni dans
l'une ni dans l'autre on ne s'est permis de
porter une atteinte sacrilége au dogme de
l'*inamovibilité* consacré par la *charte constitutionnelle*. On s'étoit borné à ce que le
Monarque, qui confère l'*inamovibilité* par la
nomination qu'il fait des juges, fût humble-
ment supplié de suspendre pendant un an
l'usage de sa prérogative incontestable et
incontestée.

La résolution de la Chambre des Députés
a été rejettée par la Chambre des Pairs. Elle

l'a été après une discussion née de deux principes différens en apparence, mais tendant
au même but, le salut de l'Etat, et conséquemment également purs, également respectables.

Vous, Monsieur le Comte, et les illustres
Pairs qui ont été de votre avis, en qualité
de défenseurs de la prérogative royale, et de
gardiens conservateurs de la charte constitutionnelle, vous avez repoussé une mesure
qni, à votre sens, était coërcitive de cette
prérogative.

MM. les Députés, interprètes des besoins
du Peuple et de son opinion, avaient pro-
posé, non pas de coërcer la prérogative royale,
mais de supplier S. M., vu les circonstances
extraordinaires, de suspendre l'exercice de la
prérogative royale, pour obtenir du tems les
renseignemens indispensables à une nouvelle
et bonne organisation des cours et tribunaux.

Les Pairs, redoutant le danger qui peut
résulter de toute innovation, même amélio-
rative, se sont fortement attachés à la lettre
de la *charte*; et, la considérant, avec raison,
comme le *palladium* de la France, ils ont
empêché jusqu'à l'ombre d'une atteinte d'arriver jusqu'à elle; je le répète, la résolution
a été rejettée.

Sous un rapport, les bons esprits, les vrais amis de cette paix que nous ne faisons que d'obtenir, et qu'il nous importe tant de conserver, ont applaudi au résultat de cette discussion qui, bien que légale, puisque la charte, article 19, confère aux Chambres la *faculté de supplier le Roi de proposer une loi*, néanmoins avait trop le caractère de l'*initiative*; or, il faut l'avouer, la multitude s'accoutume aisément à voir la puissance là où se montre l'*initiative*.

'Bientôt, au gré de vos vœux (1), *sans suspension ni interruption aucune*, le Roi a nommé des juges; S. M. les a revêtus de l'*inamovibilité*; il n'y a plus qu'à se prosterner, et, sans examen, à couvrir de ses égards respectueux les délégués de la puissance souveraine.

Simple citoyen, j'aurais pu, durant la discussion, émettre, avec la réserve convenable, les réflexions qui m'auraient parues utiles; aujourd'hui, c'est un devoir, pour moi et pour tous, de garder le silence quant au principe reconnu et maintenu par la puissance législative.

Il n'en est pas de même, je crois, quant à l'application qui en a été faite. Tous les juges ne sont pas encore nommés par S. M., et c'est cette considération importante qui

____

(1) Page 34.

m'engage à combattre quelques passages de votre opinion imprimée et pnbliée.

En établissant la série des moyens qui sont à la disposition de l'autorité, pour s'éclairer sur ses choix (1), *vous vous portez garant que chaque nomination sera pesée au poids du sanctuaire au Ministère* lors *actuel.* Vous vous portez garant *que ce Magistrat-Ministre, dont toute la personne respire l'intégrité et la vérité, ne mettra jamais un choix sous les yeux du Roi, sans lui en faire apprécier scrupuleusement et la valeur et les circonstances précises,* etc., etc.

Un ex-ministre, membre de la Chambre des Députés, dans une opinion imprimée et publiée, a dit :

« Sans doute il est permis d'attaquer les
» hommes en place dans leurs erreurs et leurs
» dispositions à suivre des systêmes dange-
» reux, parce que leurs erreurs et leurs dis-
» positions systématiques peuvent avoir une
» grande influence sur le bonheur de la
» Société. »

Convaincu de la solidité et de l'utilité d'une telle maxime, j'ai, *en avril dernier,* alors que M. Barbé-Marbois était ministre; attaqué le mode par lui adopté pour l'épuration et la réorganisation des Cours et Tribunaux, parce

____

(1) Page 27.

que j'ai cru reconnaître en lui une disposition à suivre un systême qui me paraissait dangereux.

Je pourrais aujourd'hui en appeler à votre garantie, quant à la valeur de certains *choix mis sous les yenx de S. M.*, et dont probablement on ne lui a pas fait *apprécier les circonstances précises;* mais le *magistrat* n'est plus *ministre,* et je m'abstiens.

Je passe aux moyens que vous avez présentés, comme étant à la disposition de l'autorité pour s'éclairer sur ses choix.

Vous avez mis en première ligne (1) *les enquêtes scrupuleuses recueillies pendant une année par Mgr. le Chancelier, par lui laissées en dépôt au ministère de la justice, et qui s'y sont encore grossies par les soins de son successeur.*

Sans contredit, Mgr. le Chancelier, pénétré de ces sentimens magnanimes et purs qu'un digne et vertueux ministre ne peut que couver dans son cœur pour le Souverain qui l'honore de sa confiance et l'a investi de son pouvoir, avait recueilli, pendant un an, *les enquêtes les plus scrupuleuses, et les avait laissées en dépôt au ministère de la justice ;* j'en ai eu personnellement la preuve.

J'aime à croire, parce que vous l'avancez,

____

(1) Page 28.

que ce dépôt s'*est grossi par les soins d'un successeur de Mgr. le Chancelier.*

Seulement je vous demanderai de quel successeur vous entendez parler ; car Mgr. en a eu deux comme *ministre de la justice.*

Si c'est de M. Pasquier qu'il s'agit, point de doute qu'il n'ait trouvé le dépôt ; je connais la personne qui lors en était chargée. J'ignore si ce garde-des-sceaux a pris *le soin de le grossir ;* mais ce dont je suis certain, c'est qu'il ne s'est pas mis en mesure d'en retirer tout le fruit possible.

Au 8 juillet 1815, époque du second retour du Roi, M. Pasquier est entré au ministère. La division du *personnel* était alors dirigée par un chef qui occupait cette place depuis quatorze ou quinze ans. Il remplissait cette place à la satisfaction générale ; des services longs et assidus servaient de garantie à son importante et lumineuse utilité. M. Pasquier arrive au ministère, et tout-à-coup la direction du *personnel* est confiée à un employé étranger à cette partie.

Qu'importe, me dira-t-on peut-être ; les papiers ne restent-ils pas ? Les renseignemens ne sont-ils pas là ? Les employés subordonnés n'y sont-ils pas aussi ? A cet égard, je ne dirai pas toute ma pensée ; je me contenterai de demander ce que devient cette classification si précieuse, fruit de l'esprit d'ordre, de la mémoire, et des renseignemens verbaux : cette classification relative non-seulement aux individus, mais encore aux localités, partie plus essentielle qu'on ne le pense communément? Passe-t-elle à l'instant de la tête du chef qu'on éloigne dans celle du chef qui lui succède ? Je ne crains pas de le dire : en semblable cas, le nouveau directeur, décidé à ne placer que des sujets connus personnellement du ministre ou de lui, dédaigne le labyrinthe des documens dont les voies innombrables l'effraient : ou bien, s'il met en avant des candidats que les seuls renseignemens *écrits* et enregistrés lui indiquent, sa religion est inévitablement fourvoyée, et, par suite, celle du ministre est surprise. Comment, en effet, remplacer ces données auriculaires que possédait le chef antécesseur : échapper au déluge de recommandations mendiées ou insignifiantes, des dénonciations dictées par la voix des passions et lancées par l'esprit de parti, qui toutes affluent dès qu'il y a un changement marquant dans une administration? Comment, d'un autre côté, se roidir contre la prévention établie dans de certaines têtes aujourd'hui contre ces *anciens magistrats*, qui sourdent de la retraite où, pendant l'*usurpation*, ils sont restés enveloppés de leur manteau sans tache, mais dont la vétusté n'attire pas la faveur? Il n'y a que l'homme en exercice depuis longues années, qui puisse apprécier, conséquemment classer et l'homme ancien et l'homme nouveau ; il n'y a que lui pour qui un tel *chaos* ne soit pas inextricable : on le possédait, et l'on s'en est privé !

Si c'est de M. Barbé-Marbois que vous avez prétendu parler, comme il est naturel de le penser en se réportant à la date où vous occupiez la tribune, on peut, jusqu'à un certain point, admettre que, six mois s'étant écoulés, le nouveau chef de la division du *personnel* au ministère de la justice devait avoir quelques notions relatives aux *enquêtes scrupuleuses* originairement recueillies par Mgr. le Chancelier ; mais il faut admettre aussi, d'après le nombre inconcevable de juges dits *actuels* qui sont conservés, comme exacte et incontestable l'une ou l'autre des deux assertions suivantes : *ou,* comme l'a avancé M. Barbé-Marbois, le 11 avril dernier, *que les corps de la magistrature française étaient loin d'avoir dégénéré : ou* que le dépôt des *enquêtes scrupuleuses* n'a pas

(13)

été scrupuleusement consulté, et que l'on a trouvé plus simple, pour économiser le tems, d'avoir recours aux almanachs de 1793 à 1815.

Ainsi, voilà déjà la première des lumières qui devaient éclairer l'autorité, qui a été mise sous le boisseau.

Passons à la seconde. Immédiatement après les *enquêtes scrupuleuses recueillies par Mgr. le Chancelier*(1), vous placez, à titre de lumières étant à la disposition de l'autorité, les renseignemens qui lui seront donnés par cette *moitié de juges courageuse, intégre, remplie de mérite et de lumières, dont on a avoué l'existence, aveu dont vous avez pris acte.* Permettez-moi, en passant, de vous observer que, dans le rapport de M. de Bonnald, du 16 novembre dernier, lequel j'ai en ce moment sous les yeux, vous avez pris ce qui n'est qu'une *supposition* pour une *affirmation :* « *Si* telle est la disposition des esprits........ » *qu'il y eût*, dit M. le rapporteur, dans la » Société *autant* de juges *faiblés, corrompus,* » *ignorans,* que de juges *courageux, intégres,* » *éclairés,* un ordre judiciaire *inamovible* » serait un malheur........ etc........ »

Mais ce n'est point de cette parité numérique qu'il faut nous occuper ici; il s'agit des

____

(1) Page 28.

lumières que la bonne *moitié* peut répandre sur les choix à faire par le ministère.

Si je ne me trompe, Monsieur le Comte, ces lumières, ou des renseignemens donnés par ces juges *éclairés,* sont une même chose ; mais des renseignemens donnés au ministre de la justice sur des sujets dignes ou indignes d'être admis dans les corps de la magistrature, ne sont autre chose que des enquêtes, absolument semblables à celles qui étaient en usage avant 1790 ; et vous les avez conspuées ! Vous avez déclaré (1) *n'y point ajouter foi !* Il est vrai que, pour motiver votre opinion à cet égard, renonçant à votre logique accoutumée, vous vous êtes étayé d'un édit royal, rendu il y a près de trois siècles ; et, d'un relâchement existant en 1546 relativement *à l'enquête sévère de vie et de mœurs, qui garantissait aux compagnies judiciaires qu'un nouveau magistrat était digne d'entrer dans leur sein,* vous avez tiré l'induction que ce défaut de sévérité dans les enquêtes avait constamment existé depuis.

Puisque l'occasion s'en présente, permettez à celui qui a eu l'honneur d'appartenir à la magistrature, avant qu'*une faction triomphante l'eût détruite sur toute la terre des*

____

(1) Page 26.

Francs, de repousser l'erreur qui vous poursuit à cet égard.

Je puis vous certifier, tant d'après les épreuves auxquelles j'ai vu assujétir une foule de récipiendaires, que, d'après celles par moi subies personnellement, qu'avant 1790 les enquêtes, loin d'être de simple forme, étaient très-sévères et très-scrupuleuses. Je n'en veux d'autre preuve que la considération immense dont l'opinion publique couvrait la magistrature à cette époque. Si cette considération n'eût pas été méritée (1), *si l'on n'avait pas exigé des candidats le savoir et les qualités requises, s'il n'y en avait jamais eu aucun de refusé,* comme de son tems s'en plaignait *François* I.er, le souvenir de sa splendeur serait-il aussi présent aux esprits? Vous les avez sûrement recueillis comme moi, ces éloges qui lui ont été tout récemment décernés à la tribune de la Chambre des Députés; vous les avez entendus ces panégyristes désintéressés, proclamer :

Que les anciens magistrats de France méritaient véritablement, comme ceux des Romains, d'être appelés *Prêtres de la Justice, Justiciæ Sacerdotes ;*

Qu'ils étaient probes, religieux ;

Que, par leurs vertus, lesquelles étaient

______

(1) Page 26.

héréditaires dans les compagnies, ils imprimaient à l'administration de la justice un caractère noble à-la-fois et imposant ;

Que les anciennes compagnies de magistrature se sont toujours maintenues pures et vénérables ;

Que, si les magistrats, avant 1790, achetaient leurs charges, les plaideurs n'achetaient pas les magistrats ;

Que, *dans tous les tems,* ils ont donné les plus grandes preuves de courage et de désintéressement ;

Enfin, que toutes ces hautes qualités étaient accompagnées de la dignité extérieure.

Un tel concours de louanges se serait-il établi, si ces magistrats eussent été admis *sans examen,* si l'argent et la faveur eussent seuls déterminé les choix faits parmi les candidats ?

Non, les enquêtes n'étaient point une vaine formalité, un usage illusoire.

Loin de moi de vouloir rappeler ce qui, par contre, a été dit jusqu'au dernier instant de la session, à cette même tribune de la Chambre des Députés, concernant les choix récemment faits. Je tiens pour *bons,* pour *excellens* ces mêmes choix ; non que je croie à l'*admirable propriété de l'inamovibilité,* qui peut.

rendre *excellent* ce qui est *mauvais*, mais parce qu'il est des maux qu'on ne peut alléger que par la résignation, et plus encore parce que je me souviens, avec vous, que par suite (1) *de la confiance due aux vertus du Roi, du respect dû à sa prérogative, et de la soumission due à la charte constitutionnelle, il n'appartient à personne d'entrer* en *jugement avec son Souverain, sur les choix et nominations qui ne dépendent que de sa volonté.*

Ainsi j'admets que les lumières de la moitié *courageuse et intègre* auront pu éclairer l'autorité ; mais il faudra aussi que vous m'accordiez que ces lumières ne peuvent s'étendre que sous la forme des *anciennes enquêtes,* et, d'après le peu de foi que vous y avez, je ne sais quel degré je dois donner à la mienne.

En troisième ligne, vous portez comme (2) *lumières que l'autorité peut, et peut seule recueillir,* les renseignemens donnés par

Les Préfets, dont, en général, la composition actuelle a satisfait la conscience publique ;

Les Maires ;

Les Notables de *chaque* département.

Je ne puis savoir si toutes ces autorités

______

(1) Page 27.
(2) Page 28.

locales ont été invitées à donner les éclair-
cissemens que, d'après votre garantie, ils ont
dû fournir ; mais les nominations qui se sont
succédées *sans interruption ni suspension
aucune*, ainsi que vous y avez conclu, me
portent à croire le contraire.

Eh ! pourtant ; plût à Dieu que toutes ces
lumières se fussent réunies avant de *rallier
devant le trône les instructions qui en ont
fait partir les nominations !* Quelle énorme,
quelle volumineuse correspondance de tels
renseignemens eussent nécessitée ! Quelle
sage lenteur il en eût résulté ! Ce mode admis,
tous les vœux eussent été comblés ; sans suspension légale de l'*inamovibilité*, on obtenait
cette même suspension de ce vol rapide que
le tems ne règle pas sur le besoin et le travail
de l'homme. Que de jours, que de mois, que
d'années peut-être, n'eût-il pas fallu pour
arriver au but indiqué !

J'ai dit au but *indiqué*, j'aurois dû, je crois,
ajouter : « *par l'opinion publique* » ; car il
faudrait savoir, avant tout, si tels personnages admettaient alors que le but voulu par
la généralité fût bien celui vers lequel les
efforts devaient se diriger ; il faudrait savoir
si on était dans l'intention de mettre à cou-
vert de tout recours cette généreuse *garantie*

qne votre constant amour du bien vous a fait souscrire, en vous mettant, dans la pensée, au lieu et place de l'autorité. Ce qui s'est fait me porte à croire qu'un autre parti était pris : qu'une marche, autre que celle par vous tracée, était arrêtée d'avance. Selon ma manière de voir, les *augures* ne voulaient appeler et élire que des *augures,* ou tout au plus que des *initiés ;* ils voulaient se réserver la faculté de *rire* librement de notre bonhomie, et, se plaçant en opposition directe avec la morale évangélique, leur devise était : « *peu d'appelés* » dans la masse ; *beauconp d'élus* parmi les » nôtres. » De là, l'énorme disproportion entre le nombre des *juges* que les listes disent *actuels,* et celui que les mêmes listes *officielles* qualifient d'*avocats* et d'*anciens magistrats.*

Quelle innombrable quantité de lumières étouffées parmi celles que vous aviez promises, pour une seule dont on n'a pu s'éclairer ; encore l'avons-nous trouvée douteuse.

Restent celles que votre politesse a indiquées en dernier lieu, bien que ce soit, à mon avis, celles qui doivent être invoquées les premières en raison de leur éclat et de leur solidité. Comment ne pas reconnaître et les illustres Pairs de France, et les honorables Députés des départemens dans *ceux dont vous avez combattu la proposition*, et dont on conçoit aisément *que vous seriez bien fâché d'écarter le témoignage ?*

Pourquoi faut-il que j'aie des preuves irrécusables que celui des successeurs de Mgr. le Chancelier qui a mis sous les yeux du Roi la presque totalité des choix confirmés par la nomination royale, a écarté ces mêmes suffrages que vous couvrez de toute votre estime, ces suffrages qu'un honorable député (1) avait engagé ses collègues de porter à ce ministre, en annonçant qu'*il les cherchait ?*

Les premières preuves que j'apporterai de ce que j'avance, ce sont les plaintes amères dont la tribune de la chambre des Députés a retenti jusqu'au dernier jour de sa session, relativement à la composition des cours et tribunaux ; et je vous prie de remarquer qu'à cette date il en existait un grand nombre investi déjà de l'*inamovibilité.*

Les secondes naîtront de l'inactivité dans laquelle je vois languir encore aujourd'hui plusieurs anciens magistrats qui m'ont dit avoir sollicité du service, avoir été fortement recommandés, bien que tout homme étranger à tout esprit de parti eût jugé qu'ils se recommandaient assez d'eux-mêmes.

____

(1) M. de Barante.

Ma troisième preuve se rattache à la précédente, mais je la présente isolée parce qu'elle repose sur des faits dont vous avez personnellement connaissance.

Il existe un individu qui ne compte pas plus d'années, et moins peut-être, qu'une infinité de personnages constitués en dignité par le roi depuis son retour, et que beaucoup d'autres, ses anciens camarades de magistrature appelés par le monarque dans ses conseils ; sain de corps et d'esprit, il pourrait au besoin justifier de travaux assez nombreux soit concernant l'économie politique, soit en littérature, auxquels il s'est livré pendant le cours de la révolution ; il a eu l'honneur de servir Sa Majesté pendant *onze* ans avant 1789 en qualité de magistrat; dépouillé de la presque totalité de sa fortune patrimoniale par l'effet de la tourmente générale, il fut quinze mois employé au ministère des affaires étrangères, comme chef de la correspondance relative aux sciences, aux arts et à l'économie politique; par suite, il fut nommé consul en Espagne à cette époque qui lui sembla, comme vous le dites dans votre opinion imprimée, être (1) *celle d'un premier retour vers quelques principes de raison et d'équité ;*

____

(1) Page 8.

après quatre années d'exercice, il sollicita son rappel et rentra en France , deux ou trois mois avant le fameux 18 *brumaire;* c'est-à-dire qu'il sollicita de l'emploi quand les moyens d'exister lui manquèrent et qu'il l'abandonna dès que les débris de sa fortune, ayant été rassemblés, lui parurent suffisans. Jamais et d'aucune manière il n'a servi l'usurpateur : bien plus, il a repoussé les offres qui lui ont été faites en son nom.

Dès les premiers jours du retour de Sa Majesté, fort de sa conscience, il a sollicité l'honneur de la servir encore ; pensant, avec raison, qu'après une tourmente qui avait déplacé toutes les choses et tous les hommes ; il était plus nécessaire que jamais de se présenter escorté de suffrages irrécusables, de répondans faits pour déterminer la confiance de l'autorité ; à sa prière des ministres d'Etat, des prélats, des pairs de France, des grands de la cour, des conseillers d'Etat , des premiers magistrats , seize personnages éminens en dignité et des plus recommandables par leur mérite reconnu, couvrent le *placet* du pétitionnaire de leurs hautes et trop honorables recommandations ; vous vous placez dans cette illustre réunion, Monsieur le Comte , vous engagez un premier gentilhomme de la chambre de Sa Majesté d'y entrer ; comme tous ceux qui vous avaient devancés, tous les deux vous écrivez et signez *que vous tenez le candidat pour homme plein d'honneur, pour magistrat intègre, pour zélé royaliste* ; Monseigneur le chancelier, rendant à ce concours de témoignages respectables la justice qui lui était due, accueille avec bienveillance l'individu jugé digne de les obtenir, et lui promet de l'employer. Le néfaste 20 mars arrive : le 8 juillet se présente bientôt en réparateur ; mais, si les choses rentrent dans l'ordre, tous les dépositaires de l'autorité ne sont malheureusement plus les mêmes ; MM. Pasquier et Barbé-Marbois sont successivement appelés au ministère de la justice. Le pétitionnaire ne pouvait que reprendre le fil qui semblait avoir assuré ses premières démarches ; il s'appuie de ces fortes recommandations par lui n'aguères obtenues ; il se dit : « Les cartons » n'ont pas été dénaturés ; *les enquétes scru-* » *puleuses recueillies par Monseigneur le* » *Chancelier* ne peuvent avoir été anéanties ; » ce *dépôt précieux* sera indubitablement » consulté : ce sera le premier fanal qui *éclai-* » *rera* le ministre dans la *recherche* qu'il fait » de ces anciens magistrats que son ardent » amour du *bien* doit le porter à *découvrir*

» alors qu'ils demeurent *cachés* (1). » Rien de cela : et les *placets* du pétitionnaire, et les suffrages qui les accompagnent, sont et demeurent comme nuls et non avenus.

Croyez-vous à présent, Monsieur le Comte, que, comme vous, on aura été *bien fâché d'écarter les temoignages de ceux*, dont, comme vous, le ministre *a combattu la proposition* relative à la suspension temporaire de l'*inamovibilité* ? Quant à moi je dois rester convaincu que l'autorité ne s'est nullement servie de ce faisceau de lumières que votre sagesse lui avait présenté.

D'un autre côté, tout le monde conviendra que vous avez eu raison d'*affirmer* et de *garantir que, sous le ministère d'alors, il y aurait des candidats de refusés;* seulement personne ne s'avisera de croire qu'en parlant de *refus*, un homme aussi dévoué que vous à son prince et aussi zélé pour le bien public ait eu en vue les candidats de la cathégorie par moi mise en première ligne, et qui a été évincée si inconsidérément.

Cependant, au moment où vous portiez la parole, vous auriez pu avoir une idée des choix que *le magistrat-ministre, dont toute*

______

(1) Discours de M. de Barante.

la personne respirait la vérité, était *décidé* à
mettre sous les yeux du Roi, en lisant dans
un journal (1) du 23 octobre précédent un
paragraphe ainsi conçu : « On parle d'une
» mesure adoptée par M. le garde des sceaux;
» on dit que Son Excellence a *décidé* qu'aucun
» des individus qui n'appartiennent pas *au-*
» *jourd'hui* à la magistrature, ne pourrait
» être nommé juge qu'autant que , ceux
» *actuellement en activité* ayant été exami-
» nés, leur nombre serait reconnu insuffisant,
» et que cet examen serait confié à une *com-*
» *mission* choisie et éclairée qui s'y livrerait
» avec autant de prudence que *d'impartia-*
» *lité.* »

Cet avis, bien qu'il ne se présente que sous
les rubriques bannales et peu sûres de *on dit,*
on parle de, ne peut avoir été considéré par
les esprits réfléchis que comme *officiel;* en
effet, s'il eût été controuvé, M. le garde des
sceaux ne l'aurait-il pas fait démentir, ainsi
que cela se pratique en pareil cas ?

Il est donc incontestable que dès-lors tout
ancien magistrat, bien qu'il n'eût cessé de
l'être que par l'effet de la violence révolutionnaire, que par la toute-puissance (2) *d'un parti*

____

(1) *Journal de Paris.*
(2) Page 7.

dominant , *d'une faction triomphante qui voulait des instrumens et non des surveillans*, devait se considérer comme évincé, puisque, pour avoir l'honneur de servir son Roi , il ne suffisait pas d'invoquer l'article 3 de la *charte*, mais qu'il fallait *appartenir à la magistrature lors en activité*. Peut-on rencontrer une détermination plus violatrice de la loi qui régit la France ? Peut-on démontrer une partialité plus révoltante ? Peut-on afficher plus d'éloignement pour une classe d'individus qui, *à défaut de récompense*, se croyait au moins *en droit d'obtenir l'estime généralement accordée à l'honneur et à la fidélité* (1).

Cet avis parlait d'une *commission* ; il en parlait comme d'une mesure ministériellement arrêtée ; il est bien malheureux que rien de relatif à cette *commission* n'ait été mis depuis à la connaissance du public. Il est évident, pour moi du moins, que, si une commission *ad hoc* a existé au ministère de la justice, elle est née d'un *proprio motu*, qu'elle n'a eu rien de légal, n'ayant pas été créée par une ordonnance du Roi comme l'ont été les commissions de la guerre et de l'instruction publique, qu'elle n'aura été composée que d'hommes subordonnés, révocables par celui qui les a

____

(1) Rapport de M. de Bonnald, du 16 novembre 1815.

appelés, et qui se trouvaient conséquemment
dans cette dépendance qui ne saurait s'opposer
avec quelque énergie à la volonté prononcée
d'un ministre. En supposant même que cette
commission, dont on n'a entendu parler
qu'une fois et dans un seul journal, ait existé,
pouvait-on s'attendre que ce magistrat, fier
encore d'avoir été jadis institué par son Roi,
qui n'a été évincé que par une *faction triom-*
phante, viendrait sans répugnance mendier le
suffrage de commissaires sortis de cette même
faction? Cependant il faut qu'il n'en ait pas été
tout-à-fait ainsi, puisque les listes officielles publiées par le *Moniteur* présentent 103 *anciens*
magistrats nommés nouvellement par le Roi.

Quoi qu'il en soit, de la faute commise par
l'autorité en ne s'éclairant pas *des lumières*
qu'elle pouvait et pouvait seule recueillir,
qu'est-il résulté?

Deux mille neuf cent vingt-trois choix ont
été faits par le ministre; ils ont été mis sous
les yeux du Roi, et Sa Majesté les a sanc-
tionnés.

Avec vous je m'écrie (1) : «*La décision une*
» *fois portée, bien qu'elle soit contraire à ce*
» *que j'en avais préjugé, il ne m'appartient*
» *pas d'entrer en jugement avec mon souve-*

____

(1) Page 27.

» *rain sur les choix et les nominations qui ne*
» *dépendent que de sa volonté.* »

Mais j'ajoute : « Attendu que toutes les
» cours de justice et tous les tribunaux du
» royaume n'ont pas encore reçu l'institution
» royale, il m'est permis d'offrir le tribut des
» réflexions que m'ont fait faire et la lecture
» de votre *opinion imprimée*, et les faits de
» notoriété publique qui l'ont suivie, comme
» aussi de soumettre à qui de droit des idées
» qui me semblent salutaires. » « *La liberté*
» *de la presse*, a dit quelqu'un, *réalise le*
» *concours de toutes les lumières pour arriver*
» *à celui de toutes les volontés ; elle offre une*
» *manière de voter sur les affaires publiques;*
» *elle permet du moins à chaque citoyen de*
» *donner son suffrage ; et c'est ainsi que se*
» *forment lentement ces délibérations du*
» *peuple qui finissent par devenir l'esprit des*
» *nations. Tout semble attaqué par elle, mais*
» *elle attaque pour conserver et garantir ; et*
» *même, dans ses plus grands écarts, elle*
» *sert de contre-poids.* »

Votre opinion, Monsieur le Comte, est et
sera toujours d'un grand poids dans les affaires
publiques : tout ce qui a été fait jusqu'à ce
jour dans la *refonte* de l'ordre judiciaire, l'a
été en conformité de votre opinion, bien ou

mal saisie. Je suis très-éloigné de croire que ma façon de voir à cet égard puisse servir de contre-poids à la vôtre; mais enfin, et par malheur, l'erreur peut quelquefois entraîner l'homme du plus grand mérite. Je crois pouvoir démontrer que vous n'en avez pas été exempt dans la circonstance dont je m'occupe.

Vous avez conclu (1) *à ce que l'institution royale des cours et tribunaux fût continuée dans tout le royaume, sans suspension ni interruption aucune.*

Qu'a-t-on fait ? Pour qu'il n'y eût ni *suspension* ni *interruption*, on s'est jeté dans la précipitation, comme si jamais le *bien* pouvait résulter de l'irréflexion et de la brusquerie. En quatre mois de tems, deux mille neuf cent vingt-trois juges ont reçu l'institution royale.

Ce nombre total, dans les listes officielles, se décompose ainsi :

2,182 *juges actuels ;*

638 avocats ;

103 anciens magistrats.

Veuillez vous rappeler, Monsieur le Comte, que *vous avez pris acte* de la concession apparente faite par le rapporteur de la commission de la Chambre des Députés, *que sur le nombre total des juges siégeant dans les tri-*

____

(1) Page 34.

bunaux de France à l'époque où leur *épuration* fut hautement et généralement invoquée,
il y en avait *moitié* de *faibles*, de *corrompus*,
d'*ignorans*, et *moitié* de *courageux*, d'*intègres* et d'*éclairés*.

Bien certainement, en tenant ce partage
pour *juste* et *vrai*, vous avez entendu que la
moitié, marquée du caractère de réprobation
serait, *au poids du sanctuaire*, déclarée de
mauvais aloi, et comme telle déclarée inad-
missible. Le calcul démontre le contraire ; les
juges de *mauvais aloi* sont *deux*, contre *un* de
nomination *puremént* royale. Certes ce n'est
pas lorsqu'il s'agit des grands intérêts de l'Etat,
ce n'est pas lorsque les calculs ont été solen-
nellement débattus et arrêtés que l'on peut
admettre des *quotiens* approximatifs.

J'ai dit des juges de *mauvais aloi*, et non
pas de *mauvais* juges, ce qui eût été au moins
irrévérentieux. Je les ai dit tels, parce que
votre *opinion* imprimée m'a démontré leur
juste valeur et les *circonstances précises* dans
lesquelles ils se trouvent placés.

En parlant de la *révolution judiciaire* de
1770, vous dites (1) : « Il se rencontra un
» chancelier de France.......... qui
» détruisit, sur toute la terre des Francs,

____

(1) Page 6.

» l'*inamovibilité* de la magistrature, exila les
» magistrats. . . . ., confisqua leurs
» charges, fit asseoir à leurs places des *intrus,*
» qu'il proclama *tout aussi inamovibles* que
» ceux dont il leur livrait la dépouille. ».

Si je n'appelle pas *intrus* ceux-là qui (1),
sous la *faction triomphante,* se sont assis sur
les siéges des *vrais magistrats que Louis XVI,
d'auguste et sainte mémoire, avait replacés
dans les temples de la justice,* quel nom leur
donner? Ce sera encore vous qui me l'indi-
querez.

Vous faites l'exposé de la législation impé-
riale (2), et vous vous écriez : « Oh ! pour
» une telle législation et de telles sentences ,
» on sent qu'il n'est plus à propos d'avoir des
» juges indépendans ; il faut désormais des
» *juges complices,* ou des juges victimes. »

Or, comme il n'est pas à ma connaissance
qu'un seul juge, nommé par *Buonaparte,* ait
été sa victime, adoptant pleinement votre
dilème, je ne puis voir dans tout ce qui a
jugé en son nom, que ses *complices;* et, comme
presque tous ceux qui ont été juges sous l'usurpation l'avaient été sous les tyrannies *popu-*

---

(1) Page 7.
(2) Page 9.

laire ou *directoriale*, et conséquemment ne pouvaient être considérés que comme des *intrus*, j'appellerai *intrus-complices de Buonaparte* tous ceux dont on lit les noms comme juges dans les almanachs de 1790 à 1814.

Par une conséquence toute naturelle, je dois donner la même épithète et celle de *mauvais aloi* à tout ce qui, étant qualifié de *juge actuel* dans la réorganisation judiciaire, excèdera la *moitié* reconnue *courageuse*, *intègre* et *éclairée*, moitié qui seule était dans le cas d'être conservée.

Mais le moyen, dans ces *deux tiers* conservés, de distinguer ceux qui appartiennent à telle ou à telle *moitié?* Ce penchant à la malignité que l'on prête si communément au caractère français, ne le portera-t-il pas à placer tous ces *juges actuels* dans le cercle de la défaveur plutôt que dans celui de la confiance et de la considération? Voyez, Monsieur le Comte, où nous a conduit votre trop religieuse susceptibilité et votre trop sévère discrétion à faire usage d'une faculté qui vous est conférée par la charte constitutionnelle; je veux dire l'*initiative*.

Ne croyez pas que je m'égare, et que je perde de vue le respect dont vous et moi nous couvrons la volonté de notre souverain; loin

de moi d'élever une voix sacrilège pour criti-
quer les actes de sa clémence ; je le sais, et
je ne l'oublie pas un seul instant, les nominations faites par le Roi ne sont point sou-
mises au jugement de ses sujets. Si je me suis
permis quelques observations à cet égard, je
le répète, c'est que tous les tribunaux ne
sont pas encore revêtus de l'institution royale,
c'est que le résultat de l'*épuration* réclamée
par la France entière n'est pas encore définitif.

J'ai prononcé le mot *épuration ;* bien qu'il
ne se fasse pas lire une seule fois dans votre
opinion imprimée, je ne puis me résoudre à ne
pas vous prier de vous y arrêter un instant avec
moi.

L'épuration des tribunaux a été généralement reconnue indispensable et urgente.

La Chambre des Députés l'a déclarée telle
par cette même *résolution* qui a été rejettée,
qui a motivé votre opinion, et conséquemment le présent écrit.

La Chambre des Pairs, en ne s'opposant
point à ce qu'à sa tribune vous prissiez acte
que l'on comptait autant de juges *faibles, corrompus, ignorans*, que de juges *courageux,
intègres, éclairés :* en vous laissant déclarer
à cette même tribune que (1) *ces observations*

____

(1) Page 21.

3

étaient *justes*, que *ces descriptions étaient vraies*, a prouvé qu'elle reconnaissait la nécessité d'une *épuration judiciaire*.

Le Ministère l'a reconnue urgente, puisqu'il y a, quoique imparfaitement, procédé.

Mais cette *épuration*, reconnue indispensable, comment la nation entendait-elle qu'elle serait faite? quel mode probable les interprètes de ses besoins avaient-ils annoncé? de quelle manière y a-t-on procédé, et que fallait-il faire pour donner aux justiciables (1) *cette sécurité qui répond de leur soumission?* C'est ce qu'il m'importe d'établir.

D'abord faites-moi la grâce de me dire, Monsieur le Comte, si, lorsque vous avez pris acte de l'aveu fait, selon vous, d'un partage égal de *bons* et de *mauvais juges*, vous avez, dans la pensée, fait abstraction du *parjure* presque général de l'ordre judiciaire, au 20 mars 1815. « Oui, très-certainement, allez-» vous me dire; et par un motif contre lequel » toutes les arguties doivent venir se briser » impuissantes : *Le Roi a pardonné.* »

Donc vous voyez des hommes *purs* dans tous les amnistiés! des juges, souillés de félonie, ne sont pas des hommes *corrompus!* Vous ne voulez reconnaître de corruption,

____

(1) Page 6.

quant aux juges, que dans ceux-là qui sont assez vils pour trafiquer de leurs voix mercenaires ? et, d'après ce système, vous écartez dès uns l'*épuration* réclamée sur tous, et vous vous bornez à appeler (erreur) sur les autres *l'accusation en forfaiture et la destitution.*

Je vous en demande pardon ; mais ma façon de voir, quant à l'*épuration*, est diamétralement opposée à la vôtre : j'ai, dans un autre opuscule, défini didactiquement ce que l'on doit entendre par ce mot *épuration*. Je me contenterai ici de dire que tout bon esprit ne peut lui accorder qu'une signification qui est celle-ci : *la distraction de tout ce qui est impur;* conséquemment, en ce qui concerne les tribunaux, l'*élimination* de tout juge dont on ne peut pas dire sous tous les rapports : « *C'est un honnête homme.* »

Or il est très-possible de n'être pas un *honnête homme* dans le sens du noble Pair qui le premier proclama cette maxime salutaire, si promptement adoptée par tous les Français : « *La charte et les honnêtes gens* », et cependant de n'être pas non plus un juge *qu'on achète*, un juge *coupable de forfaiture*, un juge *méritant la destitution*. De bonne foi ! Monsieur le Comte, vous qui, dans l'exercice de toutes les vertus, ne vous arrêtez que là où l'excès, conséquemment le mal, se fait apercevoir, vous tiendrez pour *honnêtes gens* ceux-là qui, ayant été, je le suppose, reconnus capables de distribuer la justice à leurs concitoyens, capables, par conséquent, d'établir la distinction convenable entre le *bien* et le *mal*, entre le pouvoir *légitime* et le pouvoir *usurpé*, auront constamment servi le dernier, en écoutant bassement la voix de l'intérêt, et en étouffant celle trop véridique de leur conscience ? Comment! vous ne voulez pas apercevoir de la corruption dans l'impudeur la plus opposée à la loyauté? Mais qu'est-ce donc que la corruption, si ce n'est cet horrible état de l'âme qui fait qu'elle se livre sans réserve au despotisme du vice, et la rend inaccessible aux remontrances de la vertu ? Ah ! ce n'est pas vous qui pouvez errer en présence de cette définition ; et je ne puis reconnaître dans ce passage de votre *opinion* que l'empreinte de cette religieuse inquiétude dont vous n'avez pas la force de vous défendre lorsqu'il est question, sur un pas à faire, d'interroger plutôt l'esprit que la lettre de la *charte* constitutionnelle.

Votre dévouement raisonné par votre conscience, ce désir brûlant qui vous presse de voir se consolider et briller de tout son éclat l'œuvre du Monarque que vous couvrez de votre amour, vous portent à dédaigner des taches qui effraient les autres ; la sagesse du Souverain, voilà votre unique boussole, quand il s'agit de créer ; voilà votre unique refuge, quand il s'agit de réparer. Mais cette sagesse, que nous reconnaissons tous plâner à la plus haute élévation, n'étant après tout que le *nec plus ultrà* de la sagesse humaine, est-elle donc à l'abri de tous les pièges que les passions de ceux qui sont appelés à la servir, et surtout l'esprit de parti toujours si actif, s'occuperaient incessamment de lui tendre ? Supposons qu'un ministre, dont toute la personne paraîtrait respirer l'intégrité et la vérité, ne fût qu'un homme imprégné de ses longues erreurs : que, prévenu en faveur de ceux qui auraient suivi la même route que lui, il ne pût se défendre d'une préoccupation meurtrière à l'égard de ceux qui ont pris la route opposée ; supposons que ce ministre, bien que reconnu incapable de transiger avec son devoir, mais par suite de sa fausse manière d'envisager les besoins de l'Etat, *oubliant de préciser les circonstances*, ait fait nommer par le Roi des juges auxquels le public refuse et son estime, et sa confiance ; quel remède apporterez-vous à cette vicieuse collation de l'*inamovibilité* ? Vous viendra-t-il dans la pensée d'*accuser*, comme vous le dites (1), *le fonctionnaire qui aura abusé du dépôt à lui confié* ? Mais la charte prononce (art. 56) : Que « *les ministres ne peuvent être accusés que pour fait de trahison ou de concussion.* » Mais *ces lois particulières*, promises par la charte, *qui doivent spécifier cette nature de délits et en déterminer la poursuite*, n'existent pas encore ; mais elles exisiteraient, qu'à coup sûr, dans la nomenclature des délits, on ne trouverait pas la mauvaise collation des emplois publics ; il y a plus, quand cette mauvaise gestion serait placée au nombre des délits ministériels, les nominations ne seraient pas moins faites ; les *inamovibles* n'en seraient pas moins assis et hors de toute atteinte, et conséquemment la sûreté publique n'en serait pas moins dans un danger irrémédiable *constitutionnellement*. Et vous avez mieux aimé que le Roi, que rien ne met à l'abri d'une surprise faite à sa religion, fût dans le cas possible de creuser lui-même, et pour longtems, un abîme affreux sous les pas de ses sujets chéris, plutôt que de *ralentir*, pendant quelques mois, *la marche* de sa préro-

______

(1) Page 27.

gative incontestable ! Ah ! c'est bien le cas de répéter avec vous (1) : « *Souvent la peur* » *d'un mal nous conduit dans un pire.* »

Et de ce mal que résultera-t-il ? Le ministre ne pouvant être mis en accusation, le Roi lui retirera le *porte-feuille*, nommera à sa place, *l'inamovibilité* restera sur son siége, et le mal ne finira qu'avec la vie des *inamovibles.*

Et cependant, vous l'avez dit (2), et ce dire, dès l'instant que je l'ai connu, je l'ai inscrit au rang des plus sages apophtègmes : « *De la pureté de la justice judiciaire dépend* » *beaucoup la pureté de la justice politique ;* » *de l'accord de l'une et de l'autre dépendent* » *la liberté, la félicité, l'honneur et la vie* » *des hommes.* »

Il faudrait se condamner à des gémissemens sans fin, si la nouvelle organisation judiciaire était aussi vicieuse que la malveillance, sans doute, s'est efforcée et s'efforce encore de le publier ; mais, grâce au génie du *bien* qui daigne enfin aujourd'hui veiller sur les destinées de la France, *l'inamovibilité* n'a pas encore été semée partout ; plusieurs

____

(1) Page 11.
(2) Page 33.

cours et tribunaux n'ont pas encore reçu l'institution royale.

Quand il existe des maux reconnus irréparables, il n'est qu'un moyen de les alléger, c'est de se résigner ; résignons-nous sur les mauvais choix qui peuvent avoir été faits ; mais plaçons-nous, s'il se peut, à l'abri des mauvais choix à venir.

C'est avec grande satisfaction que j'humilie ma raison devant la raison supérieure qui gouverne ; jamais on ne me verra dans les rangs de ceux qui prônent la haute sagesse du Roi et qui manifestent en même-tems des désirs et des espérances contraires à ses volontés. Je sais que si l'esprit de vertige attaque les institutions qui , *telles quelles soient ,* forment la base de l'édifice social , le désordre se montre et l'édifice s'écroule.

Mais, ce n'est point attaquer les fondemens de l'édifice social que de débattre avec réserve la question de savoir comment chacun doit y trouver sa place. Et comme la nature de ce débat pourrait m'exposer à l'accusation de déguiser la passion qui me fait agir, de céder à d'amers souvenirs, de n'être pas assez fort pour supporter les privations que le sort m'a imposées, je ferai volontiers l'aveu , fût-il indiscret, que je combats *pro aris et focis;*

si mon intérêt particulier se lie à l'intérêt général sans lui nuire, je ne crois pas qu'il soit injuste de m'en occuper. Tous les hommes sages disent, avec le Roi, qu'il faut *oublier le passé ;* mais ils ajoutent : qu'il faut *adoucir les sacrifices, consoler des pertes, rétablir la confiance,* offrir *à tous* espoir et protection. Tous ces avantages se trouvent réunis dans cette *charte constitutionnelle,* qui est un véritable traité entre les passions ; mais il faut que ce traité soit littéralement exécuté ; et c'est de cette exécution littérale que j'ose m'occuper.

Je sais que je suis *sans mission* pour donner des avis en fait d'administration ; je sais qu'il n'appartient qu'aux *pouvoirs constitutionnels* de diriger l'action du Gouvernement; mais je sais aussi que chacun a le droit d'exprimer ses vœux, de présenter ses combinaisons, et même ses systêmes. Un simple citoyen peut concevoir un plan heureux, pourquoi ne pourrait-il pas le mettre à la connaissance du public, même alors que, tardif, il serait jugé inopportun? Ce plan fera-t-il reconnaître des erreurs commises pour en avoir suivi un autre? Tant mieux ! On retournera plus sûrement au terme vrai dont on s'était éloigné.

Je crois donc pouvoir, sans prétention,

dire naïvement l'idée que je m'étais faite de la manière dont on procéderait à l'*épuration* ou, pour parler plus juste, à la *réorganisation* des tribunaux.

J'avais cemmencé par me demander :

« Parmi les sujets du Roi, quels sont les » individus qu'il convient de reconnaître aptes » à composer l'ordre judiciaire » ?

La charte m'avait répondu :

« Les Français sont *tous* admissibles aux » emplois civils et militaires. »

Alors je me suis dit :

La charte, octroyée à un peuple arrivé au degré de civilisation où nous sommes , ne pouvait pas , sans dérision , et même sans faire injure à ce peuple , ajouter la condition que les individus *admissibles* posséderaient incontestablement les qualités et connaissances relatives aux divers emplois ; le simple bon sens supplée à un sous-entendu de cette nature.

J'ai donc continué à raisonner ainsi qu'il va suivre :

S'il est reconnu comme incontestable que, pour être admis dans l'ordre judiciaire , il faut posséder les qualités et connaissances relatives à l'administration et distribution de la justice, il convient, avant tout, de définir ces qualités et connaissances.

Les connaissances nécessaires ont été, jusqu'à ce jour, censées acquises par ceux qui, ayant fait leur cours de droit latin et français, et étant reçus avocats, ont employé un certain tems à étudier dans les livres de jurisprudence et sous les yeux d'un jurisconsulte, l'art de reconnaître le juste et l'injuste, de discerner le vrai du faux, de démêler les ruses de la mauvaise foi et les subtilités de la chicane, de terminer les différends, d'étouffer les haines, de protéger l'innocent, et de venger la Société des atteintes du crime.

A l'égard des qualités qui doivent être inhérentes au magistrat, il faudrait, pour ne pas être au-dessous du sujet, transcrire ici l'éloquente énumération qu'en a faite l'immortel d'*Aguesseau*. Cet opuscule ne comporte pas de telles citations. Je ne me contenterais pas non plus de dire avec vous, Monsieur le Comte, qu'il doit être *courageux et intègre* (1) ; *qu'il doit, ne s'embarrassant que de garder fidélité à la loi de son Dieu, de son Pays et de son Roi, braver sur son tribunal tous les dangers et toutes les menaces*

____

(1) Page 18.

de l'oppression. Cette définition, en raison de sa justesse irrécusable, motiverait de trop nombreuses éliminations dans les circonstances où nous sommes.

Permettez qu'en ma qualité d'ancien magistrat, institué par Louis XVI de sainte mémoire, je les énumère telles que je les conçois, sans avoir la vaine et fausse prétention de les posséder :

Il faut que la charte constitutionnelle, octroyée à la France par l'amour et la bienveillance de Louis-le-Législateur, soit, pour le magistrat, une arche sainte, et tellement inviolable, qu'un châtiment subit et terrible devrait, comme autrefois chez le peuple de Dieu, frapper la plus légère violation et la moindre irrévérence envers elle ;

Il faut que le magistrat soit libre de toute affection, de toutes considérations, de tout intérêt étranger à ses hautes fonctions ;

Il faut que le magistrat soit tellement reconnu comme homme d'honneur, que le Gouvernement ait la parfaite conviction que le *délégué* du Roi saura mourir plutôt que de trahir sa censcience et sa foi ;

Il faut enfin que le cœur d'un magistrat soit *pur* comme le cœur du Roi dont il exerce le pouvoir ; qu'il soit *vigilant* comme l'esprit du Roi ; *incorruptible* comme la conscience du Roi ; *dévoué* à la personne du Roi, comme l'auguste personne de notre bon Roi est dévouée à ses sujets.

Cela posé, dans quels rangs de la Société peut-on raisonnablement espérer que l'on trouvera des hommes dignes de composer un ordre judiciaire ?

Je ne vois que trois classes susceptibles de les offrir :

Les *anciens Magistrats* de 1790 et années antérieures ;

Les *Juges* institués en 1790 et années postérieures ;

Et les *Avocats* exerçant, ou non, cette noble profession.

Si j'ai mis les *anciens magistrats* en première ligne, c'est d'abord pour donner à la pensée de notre sage Monarque, toute l'application dont elle est susceptible. Le Roi a prouvé l'estime dont il honore l'*ancienne magistrature*, en appelant, soit dans ses conseils, soit à la cour de cassation, soit aux premières places des cours et tribunaux, tous ceux qui, en 1790, étaient membres des cours souveraines du royaume.

J'ai mis les *anciens magistrats* au premier rang, pour prouver que j'ai le bon esprit de profiter des documens précieux que votre mémoire nous a fournis dans votre *opinion imprimée*. (1). Ces *intrus*, momentanément revêtus en 1770 de la dépouille des *inamovibles*, à qui firent-ils place alors que, sous l'égide de Louis XVI, *la Justice reprit possession de ses temples* ? Ne disparurent-ils pas alors que les *vrais magistrats* se présentèrent pour occuper leurs *siéges antiques* ? Ce qui parut si équitable alors, ne le serait-il plus aujourd'hui ? Est-ce le plus ou moins d'années écoulées depuis l'apparition d'un acte arbitraire qui consacre ou qui détruit les droits de ceux qui ont été victimes ? Certes, ce ne sera pas vous, Monsieur le Comte, qui soutiendrez une telle doctrine, et qui me blâmerez de donner le pas aux anciens, aux *vrais magistrats* dans le concours dont il s'agit.

Le troisième motif qui m'engage à le leur donner, c'est que si, indépendamment de l'intégrité et de la connaissance des lois, fruit des études de la jeunesse, on aime à rencontrer dans un magistrat (2) *ce coup-d'œil, cette sagacité, cette habitude de juger, qui*

---

(1) Page 7.
(2) Rapport de M. de Bonnald, du 16 novembre 1815.

*ne s'apprend pas dans les livres, et qui démêle
le vrai nœud d'une difficulté, le point décisif
d'une contestation ;* certes, on ne saurait
refuser la possession de ces avantages à ceux
qui ont rempli les fonctions judiciaires, pendant dix ou quinze ans avant la révolution ;
que si on m'alléguait que, faute d'exercer, on
perd l'habitude de juger, que *l'on se rouille*
(objection qui m'a été faite *ad hominem*) ;
je me contenterais, pour le moment, d'observer que S. M., comme je l'ai dit plus haut,
n'en a pas jugé ainsi.

J'ai mis, enfin, les *anciens magistrats* à
la tête des sujets du Roi capables et dignes
de composer l'ordre judiciaire, parce qu'il
m'est impossible de perdre de vue la devise
adoptée : « *la charte et les honnétes gens* » !
Je ne récriminerai point ; je tiendrai volontiers pour honnêtes gens tous les individus
nommés par le Roi à des places quelconques ;
mais rien au monde ne peut m'empêcher de
reconnaître des degrés dans l'honnêteté, et
de croire qu'il y a des signes certains auxquels on peut reconnaître *les plus honnétes
gens.* Qui osera soutenir que *l'ancien magistrat*, observateur fidelle du serment par lui
prêté au Roi, avant 1790, et le *magistrat
moderne,* irréprochable d'ailleurs, mais qui

a prêté serment aux diverses tyrannies et à l'usurpation, sont également méritans, également estimables, également *honnêtes gens?* Des partisans ou des affidés peuvent seuls admettre un tel systême. Conséquemment j'ai eu raison d'établir mes trois classes ainsi que je l'ai fait.

Assuré de trouver dans les rangs ci-desus indiqués des magistrats *honnêtes gens,* il est question de faire des choix, car n'oublions pas que l'*épuration* doit avoir lieu pour répondre au vœu national; or, il est possible que le nombre des *entrans de droit* et des *restans amnistiés,* soit ou plus fort ou moindre que les *sortans* désignés par la clameur publique.

Pour faire des choix dignes de la confiance du Souverain et de nature à obtenir l'assentiment général, il n'y avait, selon moi, qu'une manière de procéder équitablement et en toute connaissance de cause; cette manière, le second successeur de Mgr. le Chancelier au ministère de la justice l'a entrevue, l'a annoncée au public comme devant avoir lieu, mais rien ne prouve qu'elle ait été suivie.

Il fallait qu'une *commission ad hoc* fût établie près du ministère de la justice; il fallait qu'elle fût créée par ordonnance du Roi ; que cette ordonnance contînt les noms des personnes qui l'auraient composées, et désignât les attributions. Là, tout Français, sollicitant sa réintégration, sa confirmation, ou son admission dans l'ordre judiciaire, aurait déposé son *placet,* et les pièces à l'appui de sa demande. Enfin, et pour ne pas entrer dans des détails superflus, il en eût été de cette commission comme de celles qui ont été créées pour la réorganisation de l'armée près du ministère de la guerre, et depuis pour celle de l'instruction publique près du ministère de l'intérieur.

Cette commission une fois installée, il eût été convenable que, vu le besoin urgent d'éloigner et de remplacer les juges dénoncés par la clameur publique, elle commençât par faire un appel, au nom du Roi, et comme tel inséré dans toutes les feuilles journalières, à ces *vrais magistrats* (1), *gardiens de la justice et de la raison* que les factieux avaient reconnus, avec raison, comme incapables d'être les *instrumens* (2) de la désorganisation à laquelle ils travaillaient, et qui, en cédant la

____

(1) Page 7 et suivante.
(2) Page 7.

place aux *jugeurs* (1), provoquèrent le taris-
sement *des sources de la justice*, de ces
mêmes *sources* où l'on n'a guères plus *frappé*
en 1815 et 1816, qu'on ne le fit en 1790.
De cet appel, pouvait-il résulter un danger
quelconque? *Ce fanatisme du bien qui n'est
pas sans péril, par cela seul qu'il est fanatisme* (2), se fût-il laissé apercevoir dans
le cercle régulier d'une mesure aussi légitime? Ces anciens magistrats, pour n'avoir
pas été les *instrumens des factieux*, ni les
complices du despote (3), ont-ils perdu ces
connaissances, fruits de l'étude et l'expérience qu'*il importe au justiciable* (4) de reconnaître *dans celui qui prononce sur sa fortune, sur sa vie, sur son honneur?* La déser-
tion de leurs siéges n'est-elle pas la preuve
incontestable qu'ils ont voulu *posséder leur
indépendance dans toute sa plénitude*, et qu'il
n'ont perdu leur état, que pour avoir constamment *écouté leur conscience* (5)? Ceux-là
qui ont longuement médité sur les ordon-
nances civiles et criminelles de *Louis-le-*

---

(1) Page 7.
(2) Page 12.
(3) Page 9.
(4) Page 16.
(5) Page *id.*

Grand et de ses augustes successeurs, sont-ils donc incapables de faire l'application purement textuelle de ces codes incomplets, incohérens, mal rédigés, qui ne sont, après tout, qu'une contre-façon vicieuse de nos anciennes lois, appropriées aux circonstances que les soi-disans *Hommes-d'Etat* avaient fait naître? . Ceux-là qui, *inamovibles* sous *Louis-le-Martyr,* avaient donné les garanties nécessaires du savoir, du jugement et de la probité : qui se sont montrés religieux observateurs des lois de leur pays et de tous les pays du monde, en restant fidèles à leur premier serment : qui, n'*écoutant que les inspirations de leur conscience, ont bravé les dangers de l'oppression* (1), en refusant d'y coopérer, ne méritent-ils pas, au moment même où la légitimité reprend son sceptre, d'être réintégrés dans cette *inamovibilité* que la légitimité leur avait conférée, et dont la tyrannie usurpatrice les avait dépouillés? Et si, à ces puissantes considérations, le besoin, né des spoliations pécuniaires de la révolution, joignait sa triste présence ; s'il attirait l'attention sur ce magistrat méritant sous tous les rapports, sera-ce en vain qu'il excipera de

____

(1) Page 18.

la loi commune à tous, de cette *charte* qui, mettant au néant ses services passés, tout en lui conservant ses titres honorifiques, le proclame du moins, comme tous les Français, *admissible à tous les emplois ?* Quelle voix osera s'élever pour repousser ses justes réclamations ? Quelle voix ? .... Dans le vrai, il ne s'en est pas élevé à ma connaissance ; mais les oreilles n'ont pas entendu, et le résultat a été le même. Les titres passés, les droits présens, la fidélité non contestée, l'instruction incontestable, la modestie des demandes, et même cette compassion qu'une victime de l'humaine perversité manque rarement d'inspirer, se sont vainement réunis : tout a été dédaigné, tout a été écarté. Comment et pourquoi? J'ose le dire : Parce que les distributeurs des faveurs, des grâces et des récompenses du Monarque, étaient, il n'y a qu'un instant, ces mêmes hommes qui, transportés par le démon révolutionnaire, du fond des obscures valées au sommet des plus hautes montagnes, se sont prosternés devant lui, l'ont adoré comme le maître de l'univers, et ont proféré un irrévocable *væ!* contre tous ceux qui ont refusé de les imiter. Ils ne sont plus! Tout annonce que l'œil du maître souverain s'est dessillé, et qu'il a reconnu que l'*intégrité et la vérité* n'étaient pas là où elles semblaient *respirer*. Aujourd'hui, des mains aussi fermes que pures tiennent la balance de la justice royale ; la garde *des poids du sanctuaire* est confiée à des yeux dès long-tems et constamment accoutumés à leur justesse, à des yeux que l'on n'a point vu se baisser en tel tems sous l'influence d'une insatiable et servile ambition, et en tel autre sous le poids des honteux souvenirs. Espérons que l'on reconnaîtra les droits de ceux au rang desquels je me trouve.

Cet appel fait aux *anciens magistrats,* et ceux-ci y ayant répondu affirmativement ou négativement dans le court, mais suffisant délai qui aurait été fixé : conséquemment, le nombre des *réintégrés de droit* étant connu, la commission en eût présenté la liste au ministre qui, après l'avoir confirmée ou rectifiée, l'aurait mise sous les yeux du Roi, et Sa Majesté, dans sa sagesse, aurait nommé. Les *magistrats réintégrés et nommés* par le Roi, eussent incontinent été envoyés en possession de leurs siéges, et un nombre égal de juges dits *actuels,* désignés par le ministre, serait sorti des tribunaux respectifs. Comme on le voit, nulle interruption dans le cours de la justice distributive.

Cette première partie de l'opération géné-rale, partie qui ne pouvait prendre beaucoup de tems, une fois terminée par la commission, elle s'occupait de l'épuration de la masse restante des *juges actuels*, sans jamais perdre de vue que, dans la *chambre des députés*, il avait été avancé et reconnu comme point de fait incontestable que, dans cette masse, il se trouvait *autant* de juges *faibles, corrompus, ignorans*, que de juges *courageux, intègres, éclairés*, et que de ce *partage égal* il avait été *pris acte* dans la *chambre des pairs*. Pour éli-miner la moitié déméritante et conserver l'autre, les lumières par vous indiquées, Monsieur le Comte, auraient alors été invo-quées, et cette seconde partie de l'opération n'aurait pu avoir que les plus sages et les plus heureux résultats.

Je pense même que ce travail eût été infi-niment moins long que l'on aurait pu l'ima-giner au premier aperçu. Bien que j'aie beau-coup de peine à admettre, avec le dernier ministre de la justice (1), que *les corps de la magistrature française étaient loin d'avoir dé-générés ;* bien qu'il me soit démontré que

______

(1) Discours de M. Barbé-Marbois à la Chambre des Pairs, séance du 11 avril 1816.

crimes. Vous voyez, Monsieur le Comte, que ma façon de penser, en différant de la vôtre quant à la forme, est la même quant au fond : que, comme vous, je suis le plus respectueusement soumis à la volonté de notre auguste maître, et que, si je désire voir quelques consolations adoucir les pertes éprouvées par les vrais partisans de la royauté, je suis loin de m'affliger quand la protection et la bienveillance s'étendent sur *tous*.

L'*épuration* impartialement faite, voilà la commission royale parvenue aux trois quarts de la besogne qui lui a été confiée. Je suppose (trop aisément peut-être) que les *anciens magistrats* de 1790 et années antérieures, *réintégrés* ont rempli *le quart* des places existantes dans les cours et tribunaux du royaume : que la moitié des juges *actuels*, reconnus, sinon *courageux*, tout au moins *intègres* et *éclairés*, ayant été *nommés par le Roi*, occupe *les deux autres quarts;* reste un *dernier quart* à élire, pour que le gouvernement puisse désormais compter sur *la rectitude et la pureté des jugemens*, comme sur *la soumission et la sécurité des justiciables*.

Remarquez, je vous prie, Monsieur le Comte, que les déplacemens et les remplacemens se font sans secousse et sans convulsions : qu'ils ont lieu par *tiers*, à une certaine distance les uns des autres : que par conséquent le cours de la justice n'est jamais interrompu ; je sais trop bien que toute institution doit s'établir par degrés pour être durable, et que toute innovation ou amélioration notable, que l'on brusque, est accompagnée d'une agitation longue et préjudiciable. C'est pour avoir pris trop à la lettre le vote par vous émis, que (1), *sans interruption ni suspension quelconque, l'institution royale des cours et tribunaux fut continuée dans tout le royaume*, qu'il s'est encore élevé des plaintes depuis que le ministère de la justice a procédé à cette importante opération.

Je reviens au dernier *quart* qui reste à élire. Cette troisième partie de l'opération eût été moins difficile et plus courte que les deux précédentes. La commission royale n'aurait eu à s'occuper que de l'examen des *candidats*, étrangers jusqu'à ce jour à la magistrature. Comme, sur les *listes officielles* publiées jusqu'à ce jour, il se trouve 638 individus qu'elles qualifient d'*avocats*, il m'est permis, à défaut de renseignemens précis, de penser que la majorité de ce nombre appartient à cette

---

(1) Page 34 et dernière.

classe, jeune encore, qui, ayant fait son cours de droit, s'était, au sortir des études, destinée aux fonctions judiciaires : ce que l'on appelle vulgairement *avocats sans causes*. Comment croire, en effet, que des *avocats*, distingués dans leur ordre et couverts de la considération comme de l'estime publiques, se détermineraient à quitter le modeste, mais très-honorable *chaperon*, pour prendre la *simarre* même pourprée ? C'est à la seule *cour de cassation* que, sans étonnement, on en trouverait des exemples. Il est un autre motif de probabilité en faveur de la présomption par moi avancée ; quel est l'avocat, vraiment méritant, probe et bien famé, suivi d'une nombreuse clientelle, recueillant par conséquent de son travail et de ses veilles des fruits légitimes et abondans, qui fermera inconsidérément son cabinet, renoncera aux douceurs de la fortune, et, ce qui est plus difficile, à la considération personnelle, pour aller, sur les bancs fleurdelisés, prendre sa portion presqu'inséparable dans les hommages respectueux que la société accorde en masse à un tribunal, et pour donner une quittance mensuelle des modiques honoraires que le Roi accorde à ses délégués ? L'honneur et l'intérêt, cet intérêt, l'objet de toutes les pensées des hommes du

jour, se réunissent donc pour éloigner le véritable avocat des fonctions judiciaires, et ce ne
sont donc que des jeunes gens, sortant de
l'école de *droit* que la commission royale aurait eu à examiner.

Il semblerait que, pour déclarer *admissibles*
des candidats de cette classe, la seule formalité à remplir eût été d'exiger d'eux un *certi-
ficat de vie et mœurs*, tel qu'il était en usage
avant 1790, et cela, malgré le peu de foi que
vous y ajoutez. Cependant, la différence des
tems et des circonstances m'a suggéré quelques idées relatives à cette dernière classe ;
peut-être ne les trouverez-vous pas dénuées de
toute justesse et de toute importance.

Je voudrais d'abord que, pour éloigner
toute espèce de doute sur l'instruction d'un
jeune candidat qui aurait fait ses études du
droit et serait reçu *avocat*, il fût tenu, s'il a
trente ans, de justifier par une enquête ou des
certificats irrécusables qu'il a continué et per-
fectionné ses études en jurisprudence en suivant le barreau, ou en exerçant une profession
judiciaire telle que celle d'avoué, de notaire,
etc., etc. ; s'il avait moins de trente ans, il
subirait un examen par devant un *jury* institué *ad hoc* ou formé d'un certain nombre de
juges pris dans la compagnie à laquelle il serait

présenté : voilà pour le présent. Je crois que de telles formalités sévèrement remplies, on ne pourrait plus dire *que l'on jette dans l'ordre judiciaire ceux dont on ne sait que faire ailleurs.*

Pour l'avenir, une ordonnance royale pourrait statuer que tout individu ayant fait ses études en droit, étant reçu avocat, et qui se destinerait à la magistrature, serait tenu, pour être admis dans les cours et tribunaux du royaume, de justifier authentiquement avoir travaillé chez un jurisconsulte en qualité de *clerc* pendant trois ans ; que, cette justification régulièrement faite ès-mains du chef suprême de la justice qui, à cet effet, nommerait dans chaque localité un magistrat chez lequel se tiendraient des registres destinés à recevoir les inscriptions annuelles des *candidats*, le sujet serait admis en qualité de *suppléant*, et ne serait nommé *juge* qu'après avoir rempli les fonctions de *suppléant* pendant trois autres années. On exige dix ans de *cléricature* de celui qui sollicite son admission au *notariat;* est-ce exiger trop de celui qui doit prononcer sur la fortune, l'honneur et la vie de ses concitoyens que de lui demander trois ans d'études et trois ans de noviciat judiciaire?

Il arrive bien souvent qu'une considération

essentielle vous conduit à une autre qui, pour l'être moins, n'est pas sans importance. S'il est indispensable qu'un magistrat soit *courageux, intègre, éclairé,* on exige aussi qu'il soit *désintéressé,* et cependant on désire qu'une certaine représentation extérieure l'accompagne. On plaint la France d'être assez malheureuse pour avoir une *magistrature salariée ;* la France en rougit ; et en même tems elle convient que ses juges, quoique *salariés,* ne sont point décorés de cette dignité qui respirait dans toute la personne de ses anciens magistrats. Quel moyen de sortir de cette situation véritablement pénible ?

Suivant moi, le voici : à partir du jour où l'*épuration* et la réorganisation des tribunaux seraient parachevées, il faudrait n'y admettre pour *suppléans* que des hommes bien nés, étrangers (autant que possible) à toute doctrine anti-monarchique, et dont la conduite passée soit garante de leur conduite à venir ; c'est dire que, sous peu, la porte du sanctuaire judiciaire ne s'ouvrirait qu'à des hommes nouveaux. Il faudrait en outre, condition *sine quà non,* que les candidats prouvassent qu'ils sont jouissant d'un revenu certain, de ce revenu regardé comme indispensable à la représentation extérieure du rang plus ou moins élevé auquel chacun d'eux serait appelé, et toujours eu égard aux lieux où serait situé le tribunal dont il serait nommé membre.

Quant à la manière de penser et à la conduite, c'est une erreur que de croire qu'une infinité de parens, *honnêtes-gens*, n'aient pas cherché et trouvé les moyens d'échapper à la vigilance inquiète de toutes les tyrannies, et de faire élever leurs enfans ou leurs pupilles dans les principes qu'eux - mêmes avaient reçus, digérés et sans cesse professés.

Quant aux facultés pécuniaires, c'est une égale erreur que de croire que les fortunes anciennes ont été tellement ruinées qu'il n'en saurait rester beaucoup d'honorablement et solidement constituées; la masse énorme des impôts, que la plus accablante et la plus impérieuse nécessité fait prélever aujourd'hui, doit prouver le contraire au gouvernement.

En reconnaissant ces données comme positives, je suis persuadé que si, dès le premier jour de l'opération épuratoire, ce même jour où l'on aurait dû faire un appel à ce qui reste d'*anciens magistrats*, on avait annoncé que tout fils de famille, suffisamment instruit, serait, après examen, admis dans l'ordre judiciaire, toutefois qu'il justifierait d'un revenu présent, et assuré pour l'avenir, de 6,000 fr.

(ce même revenu que l'*usurpateur* avait fixé pour les places d'*auditeurs au conseil*), la presque totalité des places de *suppléans* eût été remplie par une jeunesse *dévouée* et *désintéressée*.

Je réclame votre attention, Monsieur le Comte; je ne me dissimule pas que beaucoup de voix s'élèveront pour me contester l'exactitude de ce que j'avance ; il m'importe donc de le prouver.

D'où s'est élancée cette cupidité sans frein comme sans pudeur, que l'on a vu, depuis quinze ans, s'emparer de tous les rangs de la société, et qui a pénétré jusque dans le sanctuaire de la justice ? de ce même bourbier dont on avait vu, il y a vingt-cinq ans, surgir l'envie, l'ennemi le plus cruel de la considération. L'envie, qui n'ignorait pas que cette considération, chez les hommes civilisés, s'attache à la fois à la naissance, au rang dans le monde, et à la fortune, avait, pour la faire fuir, confondu les rangs, proscrit la naissance, éparpillé les fortunes. Cependant elle vint à penser que, parmi ces ruines, il était indispensable d'offrir à la multitude, encore accoutumée à ses vieilles habitudes, un simulacre d'organisation, et que, telle fausse qu'elle fût, dans cette prétendue organisation, il fallait des *jugeurs*. De cette première nécessité reconnue dériva cette seconde que, n'ayant plus ces nobles et ces riches magistrats à qui la considération tenait lieu de tout, nécessité était de *payer* ces *jugeurs* du tems qu'ils consentiraient à arracher à leur premier métier pour faire celui-ci. Mais bien que l'envie se fût gorgée de tout le bien d'autrui, elle manquait de fonds, elle ne put accorder que des gages mesquins à ses serviteurs. Qu'en arriva-t-il ? Ces gens, qui n'avaient à ménager ni considération héréditaire, ni considération personnelle, qui n'avaient eu qu'une intention en prenant les places qu'on leur avait offertes, celle de faire un lucre abondant et sans travail, ou, pour le dire dans leur langage, de gagner leur vie, trouvèrent tout simple de trafiquer, non pas de leur conscience, puisque la *chose* et le *mot* étaient dérisoires alors, mais de leur bonne ou mauvaise disposition pour ceux qui avaient le malheur d'attendre d'eux une sentence. Bientôt et partout s'établit le fameux *tantum* de l'odieux *Verrès* ; si quelques *rari nantes* se sont fait remarquer sous un jour moins défavorable dans les repaires de l'iniquité, à coup sûr ils appartenaient à une classe peu éloignée de la magistrature avant 1790, ou du moins à celle qui pouvait, sans travail, jouir d'une existence non nécessiteuse.

Aujourd'hui que l'envie est enchaînée, que la cupidité commence à céder la place à la générosité, que le besoin de la considération se fait d'autant plus sentir qu'elle a été longuement absente, la France doit travailler incontinent et incessamment à faire disparaître le vernis défectueux qui ternit la majesté dont sa magistrature a brillé si longtems, et dont elle doit resplendir sans discontinuité. L'arbitre de la fortune, de l'honneur et de la vie des hommes doit être indépendant, et il dépend dès-lors qu'il a absolument besoin des émolumens de sa place pour exister.

Il est un moyen infaillible d'arriver promptement à un but aussi désirable; c'est, à l'instant même, de diminuer les traitemens assignés à l'ordre judiciaire. Je ne me permettrai pas de préciser le retranchement qu'il convient de faire, mais je ne suis pas loin d'admettre qu'il pourrait atteindre jusqu'à la moitié.

Cette mesure adoptée, la considération, dont tout magistrat doit être principalement jaloux, reprend son poids et son étendue; deux auxiliaires bien puissans favorisent son retour.

Le premier, serait la nécessité qui presserait le peuple de renoncer pour toujours à la funeste habitude, par lui trop longuement contractée, de ne voir dans les dépositaires de la justice que des gens payés *par lui* pour faire le métier de *jugeur*, et non des magistrats faisant au Roi et à la société le noble sacrifice de leurs jours, de leurs veilles et de toutes leurs facultés.

Le second, serait la conviction, si ardemment désirée et qui ne pourrait manquer de s'établir, que les bancs du sanctuaire de la justice seront bientôt, ainsi que l'opinion le réclamait à grands cris, incontestablement occupés par des *honnêtes gens*, puisqu'en acceptant leurs places, ils auront fait preuve de désintéressement.

J'ai dit *bientôt*, eu égard au tems indispensable à toute sage institution pour s'établir et se consolider; une institution sage doit être considérée comme séculaire; que sont quelques années employées à son développement ?

J'ai dit *bientôt*, parce que tout me porte à croire qu'un assez grand nombre de ces juges qui ne sont restés *fidèles qu'à leurs places*, déserterait à l'instant qu'ils sentiraient se froisser ce sentiment cupide qui trop longtems leur tint lieu du véhicule désintéressé de l'honneur, et même des atteintes toujours louables d'une ambition légitime.

J'ai dit *bientôt*, parce que, dans le nombre de ces *anciens magistrats* dont, avant tout, je demande la réintégration, s'il en est peu qui aient conservé leur propriété intacte, il en est beaucoup que leur aisance met au-dessus des considérations mesquines de l'homme qui ne possède rien. Je ne crains pas d'avancer que, si tous ne se sont pas présentés pour concourir à l'instant même à la restauration de l'Etat en cette partie, c'est moins par cette raison que l'importance de la magistrature n'est plus, dans le nouvel ordre de choses, la même qu'autrefois, que parce qu'ils ont regardé comme possible que, loin de considérer leur dévouement comme désintéressé, on les soupçonnât de convoiter les honoraires alloués à l'ordre judiciaire actuel.

J'ai dit *bientôt*, parce que j'ai toujours en vue cette jeune milice que j'ai désignée pour les places de *suppléans*, et qui s'empresserait, j'en suis certain, de suivre les traces de ces *vétérans*, qui marchent plus courbés sous le poids de l'honneur que sous celui des ans. Et que l'on ne pense pas qu'elle soit si rare en France, cette jeunesse, exempte de la contagion dominante, à l'esprit et au cœur remplis des dogmes les plus salutaires! Veux-t-on qu'elle se présente? Que par des appas, en harmonie avec la charte constitutionnelle, on flatte et son émulation et sa délicatesse, puissans moteurs des âmes généreuses.

Déjà, par une ordonnance, S. M. a statué que nul désormais ne serait admis en son *conseil d'état*, qu'il n'eût été membre d'une *cour royale*. Sans avoir aucunement la prétention, ridicule à mes yeux, de m'immiscer dans ce qui concerne l'administration, je demande s'il ne pourrait pas également être statué que nul ne sera admis, à l'avenir, dans une *cour royale*, qu'il n'ait préalablement siégé, pendant trois ans au moins, comme *juge* ou sur le banc des *gens du Roi*, dans un tribunal de première instance? Ne pourrait-on pas encore, pour éloigner toute appréhension d'une faveur inconsidérée et décourageante, statuer que les places, venant à vacquer au *conseil d'état*, seraient conférées, sans passe-droit et à tour-de-rôle, à des membres choisis dans les *cours royales* des départemens comme dans celle de Paris? Toutefois en laissant les nominations au discernement du ministre de la justice qui, seul, jugerait du mérite des compétiteurs. Ce mode me paraît susceptible de porter l'émulation à un très-haut degré.

Quant au moyen de flatter la délicatesse, je le trouve dans l'absence totale de traitement. Outre que dans les sociétés modernes on a , depuis long-tems , placé un certain orgueil dans l'indépendance qui résulte de la présence assurée des moyens pécuniaires , on en met un plus grand (et celui-là est plus admissible) à faire gratuitement à l'Eat le sacrifice d'une partie de ces mêmes moyens. Il serait donc convenable que, à dater du jour où toutes les cours et tribunaux seraient définitivement institués, aucun traitement ne fût alloué à ceux qui y seraient *postérieurement* admis, en la forme et aux conditions précédemment expliqués.

Comme il n'est pas de pensée si juste, si salutaire et si décevante même, qui ne semble prêter un côté faible aux objections : comme aussi j'entrevois celles qui doivent le plus naturellement s'offrir, je m'empresse d'aller au devant.

Relativement à cette portion de juges *salariés* et celle de juges *gratuits* qui, sous peu, se trouveraient dans un même tribunal, on me demandera si je suis assez dépourvu de sens pour ne pas concevoir le discors, et même une certaine ligne de démarcation désorganisatrice , qui résulterait d'une semblable mesure. Je me contenterai , pour réponse , de rappeler qu'il en est ainsi dans la *Chambre des Pairs*, où tels ex-Sénateurs ont conservé des honoraires , quand les autres n'en reçoivent aucuns. Ce qui , là , pouvait avoir lieu sans résultat discordant , est-il dans le cas de désorganiser ici ?

Relativement à l'absence totale de traitement, que je ne demande qu'à fur et mesure des démissions et des extinctions, je dirai qu'il en était ainsi avant la révolution, à l'égard de plusieurs tribunaux tant supérieurs qu'inférieurs , et quelquefois depuis. Avant 1790 , telles charges de robe avaient une finance , mais les intérêts attachés à ces capitaux étaient si modiques , qu'ils ne suffisaient pas , à beaucoup près, pour l'acquit de la *capitation* des titulaires. Quant aux exemples révolutionnaires que j'ai mis en avant, j'avoue que je n'en connais pas d'autres que celui des *Auditeurs au Conseil d'Etat*, qui n'avaient point de traitement, et qui, comme je l'ai dit plus haut, étaient, pour être admis , tenus de justifier d'un revenu certain de 6,000 fr. ; cette condition expresse a-t-elle empêché la foule de se présenter ? Cependant, rien n'était

(72)

moins assuré que la perspective offerte à ces places, tandis qu'aujourd'hui il y a toute certitude d'*inamovibilité* dans l'*ordre judiciaire*, et qu'il y aurait tout espoir d'avancement si le plan que j'ai tracé était adopté.

Mais, peut-on m'objecter encore, « vous » êtes, à l'égard du *peu* ou *point* de trai- » tement, diamétralement opposé à l'avis de » ceux qui, dans la *Chambre des Députés*, » ont cru pouvoir attribuer une partie de la » déconsidération dans laquelle est tombée » la magistrature française au peu de répré- » sentation qui l'accompagne, et cela en rai- » son du peu de fortune de ses membres : s'il » en est ainsi, votre projet de réduction subite » des traitemens alloués aux membres de » l'*ordre judiciaire*, ne peut qu'éloigner da- » vantage le moment desiré où pourrait repa- » raître l'éclat regretté de ce premier corps » de l'Etat. » A cela je répondrai que, c'est dans cette vue, que j'ai parlé de la fortune restante aux *anciens magistrts* dont je demande la réintégration, et que j'en ai exigé des *suppléans* à venir. Que si ce mot *à venir* ne semble pas répondre à l'objection faite pour le *présent*, j'oserais dire que, dans les circonstances pénibles où se trouve la France aujourd'hui, il serait insensé d'exiger, et répréhensible d'étaler une représentation fastueuse, de la part d'un fonctionnaire public quelconque. Si ce n'était pas une vérité généralement et trop malheureusement reconnue, il ne faudrait que porter ses regards vers le trône pour s'en convaincre. Jamais peuple n'a été dans le cas de faire une application plus rigide et plus salutaire, à tous égards, de l'adage

« *Regis ad exemplar totus componitur orbis* ».

Oh! que nos maux s'affaibliraient et disparaîtraient même promptement, si la France, d'un accord ferme et unanime, voulait prendre strictement la conduite de son Roi pour régulateur de la sienne! Nous parlons de facultés pécuniaires, de revenus!........ Louis XVIII (dans sa bonté) ne consultant que son cœur vraiment français, n'a-t-il pas volontairement renoncé au tiers de son revenu? Et cependant ce même cœur, plein d'amour pour ses sujets, trouve encore les moyens de répandre de fortes largesses et d'abondantes aumônes! Concédant à la majesté du trône la représentation que réclame le rang de son peuple parmi les Nations, il refuse à ses goûts personnels les jouissances qui, dès le jour où le ciel daigna l'accorder à la France, et pendant un assez long cours d'années, charmèrent son existence. A son exemple, son auguste et vertueux Frère, élevé comme le Monarque dans l'ignorance des privations, ou, pour mieux dire, dans l'habitude de ne former des désirs que pour les voir remplis à l'instant même, place aujourd'hui son bonheur dans une simplicité décente, dans une économie secourable, et surtout dans le témoignage de sa conscience qui, journellement interrogée, lui répond que, loin d'aggraver par des dépenses inconsidérées les peines de ses compatriotes qu'il chérit et dont il est tant aimé, il a fait *telle chose* en leur faveur. Comment ne pas présenter pour modèle à tout individu capable de faire le bien, cette digne fille du Roi-Martyr, dont la modestie souffre sans cesse des concessions, fastueuses suivant elles, que sa raison reconnaît inséparable de la dignité royale qui lui est inhérente ?. Cette Princesse, dont l'âme est toute entière au Dieu qui l'a préservée de toute atteinte dans la *fosse aux lions,* n'existe-t-elle pas sous l'influence de l'abnégation personnelle la plus complète, et de la charité la plus active ? Et vous, Princes, fils vaillans de Henri le brave des braves, le bon roi entre les bons rois, qui avez, presqu'en naissant, connu la terre de l'exil, qui n'avez pu vivre long-tems dans l'ignorance des douceurs que la légitimité du pouvoir héréditaire avait promises à votre existence ; qui, comme tous les mortels infortunés, avez dû former souvent le projet de vous dédommager des privations imposées à votre grandeur, mais moins fortes que votre résignation, si jamais le ciel moins austère vous permettait de rentrer dans l'héritage de Saint-Louis, les séductions du rang suprême, aujourd'hui que vous y êtes replacés, vous entraînent-elles vers un écueil quelconque, vous ont-elles déçu un seul jour ? N'avez-vous pas oublié ces projets permis au jeune âge, réduit au seul espoir d'un meilleur avenir, sitôt que vous avez reconnu de vos propres yeux tout ce qu'il en coûtait à la France pour recouvrer ses *Bourbons* ? Que ferait le luxe, et son plus éclatant appareil, au seul bonheur que vous trouviez digne d'envie, au bonheur d'être aimés du peuple auquel vous appartenez ? Vous dédaignez ce qui ne fait qu'éblouir ; les bénédictions sont les seuls trésors que vous estimiez et que vous vous occupiez d'amasser.

Voilà cependant le portrait, peut-tre trop

pâle de l'auguste Famille qui nous gouverne.
Tout, près d'elle, annonce le mépris d'une
splendeur empruntée, l'abnégation de toute
jouissance qui ne découle pas de la vertu.
Et l'on viendrait me parler du faste qui, à
n'entendre que des hommes frivoles, doit
entourer la magistrature ! C'est sur les siéges
royaux que les dépositaires de la justice souveraine doivent être imposans ; c'est là que,
de leurs fronts impassibles doivent jaillir, sans
discontinuité, les rayons de cette sagesse qui
commande le respect et entretient dans les
esprits un sentiment religieux. Sortis du
sanctuaire, les magisirats doivent se perdre
dans les flots de la multitude, pour bientôt y
échapper ; si quelque motif peut attirer sur
eux les regards, ce ne doit être qu'en raison
du calme et de la décence dont ils sont tenus
d'offrir les modèles en tous lieux. Ils ne sont
pas si reculés ces tems où les prêtres de la
justice, revêtus de leurs toges et montés sur
leurs mules, s'acheminaient noblement vers
les palais des Lois ou celui du Monarque, et
recueillaient sur les routes les fréquens témoignages de la vénération publique. Obtenaient-
ils plus de déférences, lorsque naguères, non-
chalemment portés dans des voitures resplen-
dissantes que traînaient de rapides coursiers,

conduits et suivis par plusieurs valets cha-
marés, ils laissaient la foule éclaboussée dans
l'embarras de prononcer si le char élégant
qui venait de la fendre, était celui du jeune
Alcibiade ou celui d'une nouvelle Phrynée?

Ah! profitons, la raison le veut, profitons
de l'état désastreux auquel toutes les fortunes
particulières sont réduites pour remettre chacun dans le cercle et l'attitude qui convien-
nent à sa profession; et pour cela faire, com-
mençons par forcer le juge à ne pas sortir
de celui de la modestie; ne mettons plus ses
services à l'enchère; ne chargeons les pla-
teaux de la balance judiciaire que du poids
d'une considération non factice, mais de bon
aloi : le trésor de la magistrature doit être
plein de vertus et d'estime.

Mais tout me fait présager que peu de jours
s'écouleront avant que les vœux, formés à
cet égard par tous les vrais amis de la chose
publique, soient complètement exaucés. La
magistrature a recouvré le chef suprême qui,
entre tous, est véritablement digne de l'être:
élevé à l'ombre de l'autel de Thémis, avant
que l'éclair révolutionnaire annonçât la des-
truction de son temple, de longues et de bril-
lantes études lui avaient inculqué les dogmes
fondamentaux du sacerdoce; il en avait scru-

puleusement pratiqué les saints devoirs ; il en avait éloquemment et courageusement proclamé les maximes aussi salutaires qu'imprescriptibles ; celui qui, dans sa personne, fit constamment honorer la magistrature, peut seul être raisonnablement chargé de la retirer du précipice, parce que, seul, il peut connaître les moyens qui doivent la rendre honorable désormais. Cette vérité incontestable m'a toujours porté à penser qu'un prêtre de *Baal,* telle apparence d'intégrité qu'il pût afficher, ne saurait, même ayant abjuré, desservir, en toute sincérité et simplicité de cœur, l'autel du Dieu vivant.

Telles sont, Monsieur le Comte, les idées que très-aisément m'a suggérées la lecture réfléchie de votre Opinion. Lorsque j'ai pris la détermination de les rédiger et de les publier, en forme de réponse à votre imprimé, je n'ai pas eu la ridicule prétention de stimuler la curiosité publique en plaçant votre nom justement célèbre au-dessus de mes *initiales* inconnues ; je sais trop que la seule présence d'un géant anéantit le pygmée qui, s'il avait eu le bon esprit de se tenir dans un éloignement convenable, aurait pu compter encore pour quelque chose.

J'ai seulement profité du cadre que vous
m'avez fourni, pour y placer mon opinion
personnelle. Ancien magistrat, il m'est permis
de désirer la renaissance de ces tems « où
» chacun vivait libre et heureux sous les insti-
» tutions que lui avaient léguées ses ancêtres :
» *où des magistrats intègres et éclairés ren-*
» *daient une justice impartiale ;* où la distinc-
» tion des rangs assurait à chacun la jouis-
» sance de la *considération que sa famille*
» *avait acquise ,* sans lui interdire l'essor
» d'une ambition légitime : où des institutions
» nées de l'expérience des âges et des habi-
» tudes de la Nation, faisaient régner par-
» tout la plus parfaite sûreté ; où les idées
» élevées, les affections généreuses se mon-
» traient de toutes parts. » J'emprunte ce
passage à un publiciste qui vient de l'imprimer à l'intant même, et j'ajouterai qu'il
m'est également permis de regretter et de
chercher à faire renaître les circonstances
où *tel* et *tel ,* n'ayant que *vingt ans ,* avaient
été nommés magistrats parce que leur conduite les en avait fait juger dignes ; contraste
inconcevable avec l'époque actuelle où j'ai vu
le silence régner sur les demandes de plusieurs
de ces mêmes *anciens magistrats* qui, resplen-
dissant aujourd'hui de *savoir* et d'*expérience ,*

ont vainement appelé l'attention sur leurs
précédens services , leur dévouement incontestable, leur *admissibilité constitutionnelle* ,
et le rang qu'ils tiennent parmi les *honnêtes
gens* !

J'ai l'honneur d'être, etc.......

www.ingramcontent.com/pod-product-compliance
Ingram Content Group UK Ltd.
Pitfield, Milton Keynes, MK11 3LW, UK
UKHW020948140726
13695UKWH00003B/1290